하루 10분, 아이 마음을 알아가는 시간

엄마랑 나랑
50가지 컬러링 대화

엄마랑 나랑 50가지 컬러링 대화
: 하루 10분, 아이 마음을 알아가는 시간

초판 1쇄 인쇄 2019년 12월 16일
초판 1쇄 발행 2019년 12월 30일

글 자스민 나라얀 | **그림** 한나 데이비스
펴낸이 공은주 | **펴낸곳** 명랑한 책방
옮김 공은주 | **편집** 박서현 | **디자인** 이하나

출판등록 2017년 4월 21일 제 2017-000011 호
전화 010-5904-0494 | **팩스** 050-7993-9948 | **이메일** thejollybooks@gmail.com
인스타그램 jolly.books.official | **웹사이트** smartstore.naver.com/jollybooks

ISBN 979-11-965164-5-1 (13590)

COLOR WITH ME, MOM! : COLOR, CREATE, AND CONNECT WITH YOUR CHILD
© 2016 text by Jasmine Narayan, Psy.D.
© 2016 illustrations by Hannah Davies

All rights reserved.
First published in the United States of America in 2016 by Race Point Publishing, a member of Quarto Publishing Group USA Inc.
This Korean edition was published by Jolly Books in 2019 by arrangement with Race Point Publishing, a member of Quarto Publishing Group USA Inc.

이 책의 한국어판 저작권은 저작권자와 독점 계약한 명랑한 책방에 있습니다.
저작권법에 따라 한국에서 보호를 받는 저작물이므로 무단 전재와 무단 복제를 금지합니다.

값은 뒤표지에 있습니다.
잘못된 책은 구입하신 서점에서 교환해 드립니다.

이 도서의 국립중앙도서관 출판예정도서목록 (CIP) 은 서지정보유통지원시스템 홈페이지 (https://seoji.nl.go.kr) 와 국가자료공동목록시스템 (https://www.nl.go.kr/kolisnet/) 에서 이용하실 수 있습니다. (CIP 제어번호 : CIP2019049544)

 KC 마크는 이 제품이 공통안전기준에 적합하였음을 의미합니다.

 주 의 책의 모서리가 날카로우니 던지거나 떨어뜨려 다치지 않도록 주의하세요.

차례

컬러링으로 아이와 친해져볼까요?   7
왜 컬러링이 효과적일까요? | 이 책을 활용하는 방법 | 아이와 함께 컬러링을 시작하기 전에 | 잠깐, 이럴 때는 어떻게 할까요?

•자기 인식• 내가 느끼는 내 모습   20
모래로 어떤 것이든 만들 수 있다면 무얼 만들고 싶니? | 스스로가 가장 자랑스러웠던 적은 언제였니? | 촛불 앞에서 빌고 싶은 소원은 무엇이니? | 언젠가 꼭 한번 가보고 싶은 곳이 있니? | 거울을 볼 때 주로 무엇을 보니? | 나중에 자라면 무엇이 되고 싶니? | 쉬거나 자려고 눈을 감으면 보통 어떤 상상을 하니? | 어떤 옷을 입을 때 기분이 좋니?

•관계• 나의 소중한 사람들   38
누군가를 사랑한다면 그 마음을 넌 어떻게 표현하니? | 학교에서 친구들하고 뭐 하고 놀 때 가장 즐겁니? | 이 돌고래들은 서로를 어떻게 생각하는 것 같니? | 어떻게 함께 정리하면 좋을까? | 엄마 아빠 기린이 아기 기린을 사랑하는 것 같니? 왜 그렇게 느껴지니? | 할머니랑 함께 무엇을 할 때 가장 즐겁니? | 가장 친한 친구랑 함께 하고 싶은 게 뭐니? | 언니/오빠/누나/형/동생이랑 뭐 하고 노는 게 가장 재밌니?

•가정생활• 나는 우리 집이 좋아요   56
집에 오면 가장 좋은 점이 뭐니? | 가족들과 가장 행복하게 보낸 겨울이 언제였니? | 집에서 가장 편안한 곳은 어디니? | 우리 가족 중 누군가에게 감동받은 적이 있니? | 엄마가 언제 가장 좋아? | 우리 집에서 가장 마음에 드는 곳/재미있는 곳/특별한 곳이 어디니? | 너 혼자 해낸 일 중에 기억에 남는 것이 있니? | 엄마가 만들어준 음식에서 뭐가 가장 맛있었니?

•학교생활• 학교에서 보내는 즐거운 시간　　　　　　74

스쿨버스를 보면 기분이 어떠니? | 오늘 수학/과학/체육 시간에는 무엇을 배웠니? | 가장 좋아하는 색깔은 뭐니? | 쉬는 시간에는 무엇을 하며 놀았니? | 학교에서 가장 편안한 곳은 어디니? | 점심 식사로 무엇을 먹고 싶니? | 숙제가 쉽니/어렵니? | 잠이 오지 않을 때 양 말고 한번 세어보고 싶은 것이 있니?

•상상• 내가 상상하는 세상을 만나볼래요?　　　　　　92

바닷속에는 어떤 굉장한 것들이 살고 있을까? | 만약 세상 어떤 것으로든 무지개를 만들 수 있다면, 무엇으로 만들어보고 싶니? | 우주에는 별과 행성 말고 또 무엇이 있을 것 같니? | 마법의 유리병을 가지고 있다면, 그 안에 무엇이 있을 것 같니? | 성에 살고 있는 사람은 어떤 삶을 살고 있을까? | 숲에는 부엉이 말고 또 어떤 것들이 살고 있을까? | 어떤 사람들이 이 카니발에 올 것 같니? | 동물들은 폭풍우가 오면 무엇을 할까? | 이 고래는 어디로 가고 있는 것 같니?

•놀이• 노는 게 제일 좋아!　　　　　　112

어디로 놀러가는 게 가장 좋니? | 가장 좋아하는 운동은 뭐니? | 정원에 있는 벌레들은 어떻게 놀까? | 밖에서 가장 뛰놀고 싶은 계절은 언제니? | 나비는 높은 하늘에 올라가면 무엇을 볼까? | 어떻게 생긴 연을 날리고 싶니? | 목욕할 때 가장 재밌는 놀이는 뭐니? | 놀이터에서 무엇을 하고 노는 게 가장 좋니? | 무얼 가지고 노는 게 가장 좋니?

저자 소개　　　　　　132

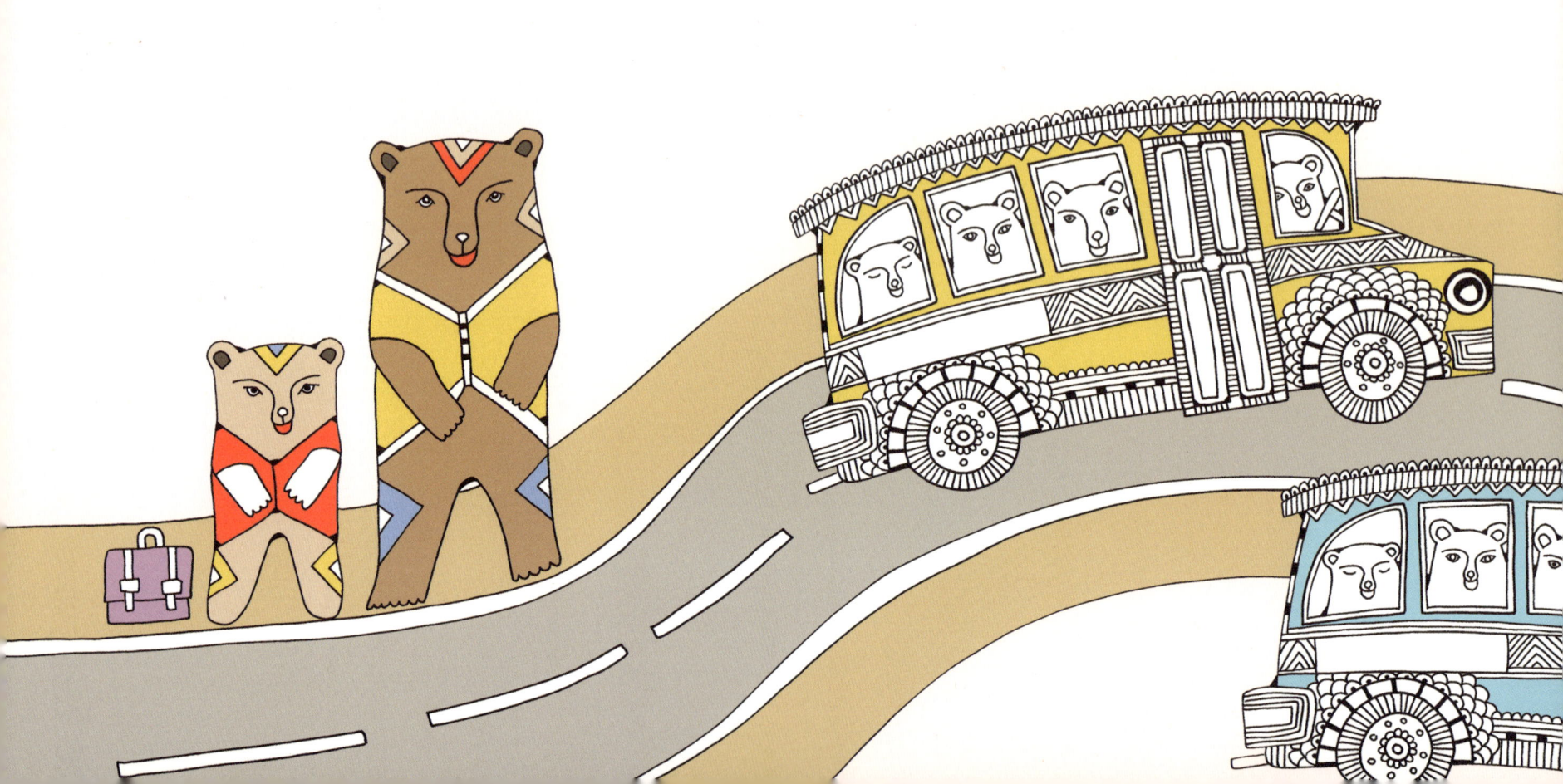

컬러링으로 아이와 친해져볼까요?

"오늘 학교는 재미있었니?"
"네, 재밌었어요."
"오늘은 학교에서 뭐 했는지 엄마한테 더 말해줄래?"
"음… 몰라요. 매일 똑같은 거 하죠."
"그러지 말고 오늘 하루 어땠는지 엄마한테 이야기 좀 해주렴. 엄마가 정말로 궁금해서 그래."
"그냥 재밌었어요! 엄마, 핸드폰 좀 가지고 놀게요!"

어쩐지 많이 익숙한 장면이죠? 만약 여러분이 엄마라면, 이런 대화가 결코 낯설지 않을 거예요. 엄마로서 바라는 건 그저 오늘 우리 아이 기분이 어떤지, 우리 아이가 어떤 하루를 보냈는지 정도인데, 때로는 아이의 마음을 여는 게 무엇보다 어렵게 느껴지곤 합니다.

가만히 오늘 하루를 한번 생각해보세요. 아이를 돌보면서 빨래하기, 장 보기, 요리하기, 아이의 숙제 도와주기 등등 정말 많은 일들을 해냈을 거예요. 게다가 회사 업무까지 처러낸 엄마들도 많을 거고요.

요즘 부모들이 가장 힘들어하는 부분은 시간이 부족하다는 거예요. 하고 싶은 일은 둘째 치고, 꼭 해야 할 일을 할 시간도 모자라니까요.

하루 종일 눈앞에 닥친 일들을 끝내고 나면, 정작 차분히 마음을 가라앉히고 아이와 진정으로 마음을 나눌 수 있는 시간은 10분, 15분도 내기 어렵지요. 여기에서 말하는 '진정으로 마음을 나누는 시간'이란, 차분히 자리에 앉아 서로의 눈을 바라보며, 온전히 아이에게만 집중하며 교감하는 시간을 뜻합니다.

그런데 이런 시간을 만들었는데도 아이가 엄마와 친밀한 시간을 바라지 않거나, 엄마에게 쉽게 마음을 터놓지 못한다면 어떻게 해야 할까요? 아이와 마음을 나눌 수 있는 기회가 늘 자연스럽게 생기지는 않지요. 아이에게 온전히 관심을 쏟았는데 애매한 반응만 돌아온다면 부모로서 더 깊은 좌절감이 들기도 하고요.

왜 컬러링이 효과적일까요?

아이가 마음을 활짝 열고 자신의 하루에 대해 말하게 만들기란 쉽지 않습니다. 묻고 대답하는 방식으로 아이와 대화하려고 하면 더 어려워지지요. 저는 좋은 의도로 하는 질문조차 역효과를 내는 상황을 많이 경험했습니다. 특히 아이가 그리 말하고 싶어 하지 않는 주제라면 더욱 그렇지요. 질문을 너무 많이 하면 아이는 산만해지고, (세상에서 가장 무서운!) "몰라요"라는 대답만 하게 되거나, 아예 대화가 끝나버릴 수도 있습니다. (아이가 어깨를 으쓱하거나 손가락으로 귀를 막는 모습이 눈앞에 떠오르시나요?)

아이들은 언어 말고도 다양한 방법으로 생각을 표현합니다. 표정이나 다양한 동작, 행동으로도 표현하곤 하지요. 그림 그리기나 색칠 등 창조적인 방법으로 표현하는 것도 무척 좋아하고요.

아이들의 내면세계는 아주 범위가 넓고, 때로는 어른들의 논리와 이성으로는 설명하기가 불가능합니다. 그러니 이러한 아이의 내면을 탐구하려면, 당연히 언어가 아닌 다른 수단을 사용하는 게 더 낫겠지요.

미술 활동은 1930년대 이후로 아동 중심 놀이치료에 폭넓게 활용되고 있습니다. 아이들을 더 편안하게 하고, 치료자와 신뢰를 쌓고, 감정과 생각을 공유해가는 과정을 더 쉽게 만드는 아주 좋은 방법이기 때문이지요. 특히 컬러링은 더 효과가 큽니다. 아이들은 손을 바쁘게 움직이면서 차분하고 반복적인 활동에 집중할 때, 더 편안해하고 해방감을 느끼기 때문이지요. 아이와 함께 하는 컬러링은 자발적이고 자유로운 대화를 위한 완벽한 방법으로, 아이의 내면세계를 알아가는 소중한 시간을 만들어줄 것입니다. 일상에서 아이와 진정으로 교감하는 기회를 찾기란 쉽지 않습니다. 이 시간을 통해 그 기회를 잡아보세요!

이 책을 활용하는 방법

《엄마랑 나랑 50가지 컬러링 대화》는 아이와 함께 즐겁게 컬러링을 하면서 더 솔직하고 친밀한 대화를 나눌 수 있도록 특별히 설계된 책이랍니다. 두 장의 펼침 페이지마다 그려져 있는 장면을 아이와 함께 색칠하고 완성하면서 자연스럽게 창의성이 표현되고, 즐거운 대화를 나누게 됩니다.

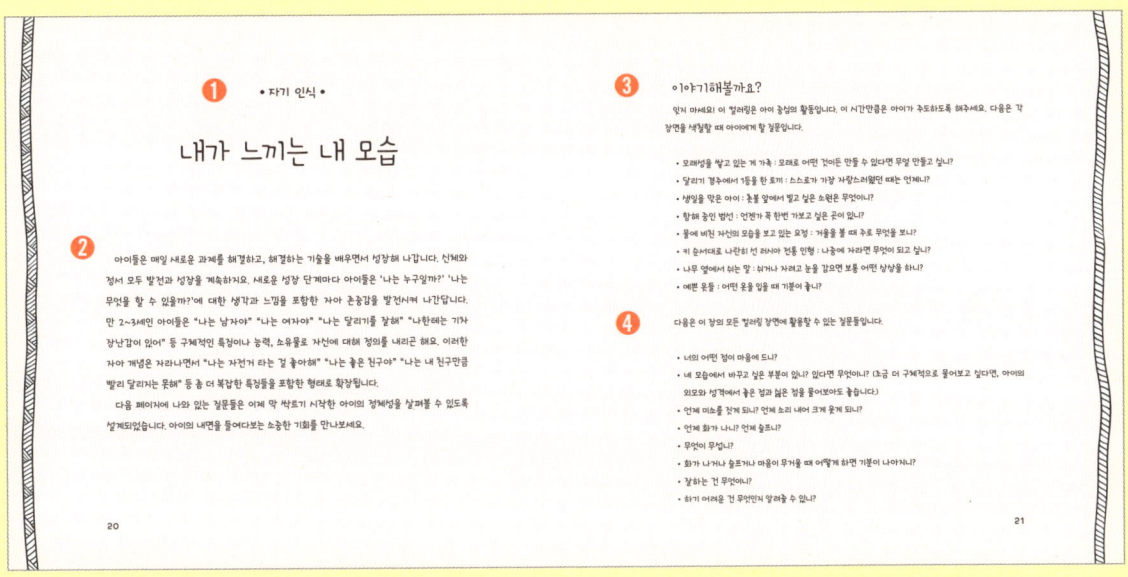

① 이 책은 아동의 주요 발달 영역인 자기 인식, 관계, 가정, 학교, 놀이, 그리고 상상력에 초점을 맞추어 총 여섯 개의 장으로 구성되어 있어요.

② 각 장 도입부에는 해당 영역의 아동 발달에 대한 간략한 설명이 함께 있어요.

③ 각 컬러링 그림과 연관된 질문이 나와 있어요. 컬러링을 하기 전이나 하는 동안, 또는 마친 뒤 그림을 보며 질문을 던져보세요.

④ 각 장의 모든 컬러링 장면에 활용 가능한 질문들이 나와 있어요. 이 질문들이나 색칠할 그림, 또는 엄마만의 독창적인 질문을 사용하여 아이와의 대화를 더 풍성하게 만들어보세요.

⑤ 모든 컬러링 장면의 한 면은 엄마를 위해 조금 더 복잡한 패턴으로 그리고, 다른 한 면은 아이들이 부담스럽지 않게 즐기도록 더 단순하게 그렸습니다.

- '엄마' 페이지와 '아이' 페이지가 교대로 나오기 때문에 주로 사용하는 손 방향에 상관없이 쉽고 자유롭게 컬러링을 즐길 수 있습니다.
- 아이가 복잡한 페이지를 색칠하다가 위축되거나 자신감을 잃지 않도록 하고자 단순한 페이지를 아이용으로 정했지만, 아이가 엄마용 페이지를 더 하고 싶어 한다면 그렇게 해주세요! 엄마와 아이가 나란히 앉아 같은 결과물을 만들어가며 함께 시간을 보내는 것이 가장 중요하니까요.
- 각 컬러링마다 선별된 배경색이 집중도를 높이고 아이와 엄마의 마음을 모두 차분하게 만들어줄 것입니다. 배경까지 모두 완벽하게 채색해야 한다는 부담감도 줄일 수 있도록 했습니다.

잊지 마세요! 아이와 함께 하는 컬러링이 비록 기대대로 흘러가지 않더라도 그 시간을 통째로 아이에게 맡기세요. 아이가 그 시간 전부를 이끌어가도록 해주세요. 내 아이의 내면세계를 엿볼 수 있고, 또 진정으로 아이와 더 가까워질 수 있는 기회니까요!

아이와 함께 컬러링을 시작하기 전에

하나, 들이는 시간보다 제대로 된 시간이 중요해요!

아무런 방해도 받지 않고 아이와 함께 컬러링 할 시간만은 따로 떼어두세요. 한 시간이든 15분이든, 시간의 양은 아이와 함께 보내는 시간의 질만큼 중요하지 않습니다. 그러니 텔레비전을 끄고, 휴대전화는 무음 모드로 바꾸고, 집안일은 잠시 멈추세요. 책을 펼치고 아이와 함께 마음껏 색칠할 수 있는 조용하고 안정된 공간을 마련하세요. 이 책을 시작하기 전에 다음과 같은 내용을 아이와 미리 얘기해주세요.

- 이 시간에 대해 어떤 기대를 하고 있는지 아이와 함께 미리 이야기를 나눠보세요. 특히 정해진 시간 동안만 컬러링을 해야 한다면 더 중요합니다. 아이가 계속 하고 싶을 때 그만해야 하는 상황이 되면 아이는 떼를 쓰거나 실망하게 되니, 시작하기 전에 함께 컬러링 할 수 있는 시간을 미리 알려주고 약속하세요.
- 이 시간은 엄마와 아이가 함께 창조하고 대화할 수 있는 특별한 시간입니다. 이 시간만큼은 아이가 무엇이든 말하고 나눌 수 있다는 것을 알려주세요.
- 아이가 말하기 싫다고 한다면 그것도 괜찮다고 얘기해주세요. 걱정하지 마세요! 아이에게만 집중하는 '질 높은 시간'을 점점 더 늘리고, 이어서 소개하는 아이가 주도하는 방식을 계속 적용해서 연습해보세요. 처음에는 잘 말하지 않던 아이라 해도 점점 더 마음을 열기 시작할 거예요.

둘, '아동 중심 기법'을 통해 아이와 더 친해지기

아이들은 집에서, 유치원이나 학교에서, 또는 학원에서 하루 종일 수많은 규칙에 따라 지내야 합니다. 하지만 아이들은 자신이 속한 환경에서 요구하는 사항들과 '그냥 놀고 싶어!'라는 내면 욕구 사이에서 끊임없이 균형을 맞춰가야 하지요. 사실 아이들이 일상생활에서 스스로 무언가를 이끌 기회란 거의 없는 것과 마찬가지이지요.

저는 치료 환경에서 아동 중심적 접근법을 사용합니다. 놀이 치료 전문가인 게리 랜트레스가 창안한 개념으로,

아이가 주도하도록 한 뒤 그에 따르고, 아이에게 스스로 성장하고 스스로를 주도할 수 있는 능력이 내재되어 있음을 믿어주는 방법입니다. 지시하려 들지 않고, 판단을 유보한 채 아이와 상호작용 하는 방법이지요. 아이를 지도하거나 바꾸려 하기보다는, 아이가 자발적으로 호기심을 드러내고 관찰하고 싶어 하며, 기꺼이 배우려는 마음이 생길 때 함께 하는 활동을 의미합니다. 이러한 활동을 어렵게 느끼는 부모들도 많을 거예요. 우리는 아이를 기다려주기보다는, 늘 아이에게 무언가를 가르치거나 지시하는 데 더 익숙하니까요. 아동 중심 기법을 통해 컬러링을 하는 과정은, 바쁘게 지나가버리고 마는 (어른 중심의) 시간에서 이 시간을 특별히 분리해둔다는 뜻입니다. 하루에 단 10분만이라도 집중해서 아동 중심으로 상호작용을 해보세요. 아이의 안정감, 정서적 성장, 인지 발달, 그리고 자존감에 놀라운 영향을 미칠 것입니다. 눈치채셨나요? '질 높은' 시간이란 바로 이런 시간이지요!

셋, 이렇게 함께 해주세요

1) 관찰하고 설명해주기

함께 컬러링을 하는 시간 동안 아이는 새로운 것을 창조해내는 소중한 경험을 만나게 됩니다. 그 과정을 관찰하고 설명해주세요. 다음과 같이 표현해주시면 좋아요!

> "해는 노란색으로 칠했구나!"
> "코끼리부터 색칠했네?"
> "네가 칠한 빨간색들은 모두 느낌이 다르구나!"
> "이번엔 무슨 색으로 칠할까 무척 고민하는 것 같네?"

이처럼 아이의 행동을 다시 이야기하고 설명해주면, 엄마가 그 어느 때보다 아이에게 집중하고 있고 관심을 기울이고 있다는 것을 전달하는 효과가 있습니다. 엄마와 함께 보내는 시간이 행복하다는 마음을 심어주는 것은 물론이고요.

2) 아이의 감정을 공감해주기

컬러링을 하는 동안, 아이가 즐거워하거나 적절한 색을 찾지 못해 좌절감을 느끼는 등 다양하게 변하는 아이의 감정을 느낄 수 있을 거예요. 이런 순간을 놓치지 말고 활용하세요. 아이의 감정을 파악하고 인정해주세요.

"이렇게 같이 색칠하니까 차분하고 산뜻해 보이는구나."
"지금 노란 크레파스가 없어서 답답한 거지?"
"네가 색칠한 게 정말 마음에 드나 보네?"
"뜻하던 대로 색칠이 되지 않아서 많이 속상한 것 같구나."

이처럼 아이의 감정을 살피고 기억해주면 아이는 엄마가 자신의 감정을 오롯이 이해해준다는 느낌을 갖게 됩니다. 또한 사랑받고 있다는 느낌과 안정감을 주어서, 아이가 스스로 마음을 여는 데도 도움이 되고요.

넷, 이렇게 하지는 말아주세요

1) 아이에게 지시나 요구를 하지 않기

"이리 와서 앉으렴" "저 크레파스 좀 줘" 같은 식으로 지시를 하면 실제로는 아이에게서 주도권을 빼앗는 셈이 됩니다. 아이가 이러한 요구를 못 들은 척하거나 따르지 않으면 부모와 아이 사이에 긴장감이 일어나지요. 이 시간의 목적은 아이의 내면세계를 들여다보는 것입니다. 아이가 엄마 말을 잘 듣는 것에 더 신경을 쓰게 되면, 아이의 솔직한 마음속으로 들어가기란 더 어려워지겠지요.

2) 아이가 창작하는 과정을 지휘하거나 평가하지 말기

아이의 자유로운 창작 활동에 영향을 주거나 아이의 선택을 어떤 방식으로든 평가하는 행위는 자제해주세요. "세상에, 보라색 해가 어디 있니!"처럼 어른의 시각에 치우친 말들은 아무리 장난스러운 표현이거나 선의에서 우러나왔다 해도, 아이에게는 결국 "네가 틀렸어"라는 규정으로 들릴 수 있으니까요.

아이의 실수를 지적하지 않도록 주의해주세요. 선 밖으로 색칠하는 것이 엄마에겐 모두 실수처럼 보이겠지만 아이는 어쩌면 선을 넘나드는 창의성을 실험 중일지도 모릅니다! 여러분의 의도와는 전혀 상관없이, "실수"에 대한 언급은 아이의 감정을 상하게 하고 활동을 위축시키거나, 즐거워야 할 이 시간에 부정적인 기억을 남길 수 있다는 사실을 잊지 마세요.

다섯, 구체적인 칭찬을 통해 아이와 더 친밀해지기

아이와 함께 컬러링을 하다 보면 계속 "정말 잘했어!"라고 말해주고 싶어질 거예요. 이렇게 우리가 자주 쓰는 긍정적인 말들은 그 순간 기분을 좋게 만들곤 하지요. 하지만 이처럼 너무나 평범한 표현은 사실 아이가 무엇을 잘한 것인지 제대로 알려 주지 못한답니다. 구체적인 칭찬이야말로 아이의 자존감을 높이고 부정적인 행동을 개선하거나 막을 수 있는 아주 강력한 도구입니다. 구체적인 칭찬이란 예를 들면 다음과 같습니다.

"우리 이렇게 차분하게 앉아서 함께 색칠을 하니까 정말 좋구나."
"선 밖에도 색칠하는 걸 좋아하는구나. 참 새롭고 재미있네!"
"함께 색칠하는 시간에 정말 집중을 잘하는구나."
"네가 색칠한 색깔들이 모두 마음에 들어. 기분까지 좋아지네."
"이렇게 잘 보이지 않는 작은 부분들까지도 무척 색칠을 잘했구나."

여섯, 대화를 시작하는 법 그리고 계속 이어가는 팁!

색칠을 하는 반복 행위를 통해 일단 아이가 이 시간을 편안하게 잘 받아들이게 되면, 아이의 내면세계를 더욱 깊이 알 수 있는 대화도 더 편하게 시작할 수 있어요. 단순히 '네/아니오' 식의 단답형 대답보다는, 더 자세한 대답이 필요한 개방형 질문으로 대화를 열어보세요. 이때 던지는 질문들은 구체적이어야 하고, 뚜렷한 주제가 있어야 더 좋아요. "오늘 하루는 어땠어?"와 같은 너무 평범한 질문은 "좋았어요", "괜찮았어요"

또는 "몰라요"와 같은, 마찬가지로 평범하고 짧은 대답으로 이어지게 됩니다. 아이의 하루를 알 수 있는 개방형 질문과 구체적인 질문을 예로 들면 다음과 같습니다.

"오늘 쉬는 시간에는 어떤 게임을 했는지 알려줄래?"
"오늘 과학 시간에는 또 다른 무엇을 배웠니?"
"오늘 새롭게 배운 노래가 있니?"
"오늘 체육 선생님은 어땠어?"

일단 아이가 이러한 질문에 대해 대답을 하면, 그에 대해 추가로 질문하거나 공감해주거나 다른 말로 바꾸어 다시 표현해주는 방식으로 대화를 더 자연스럽고 길게 이어갈 수 있답니다.

"우와! 친구들과 숨바꼭질을 했구나! [다른 말로 표현해주기] 정말 재미있었겠다! [공감해주기]"

그 뒤 아이가 대답할 시간을 잠시 기다려주세요. 아이가 단순하게 "네, 재미있었어요"라고 대답한다면 "숨바꼭질 할 때 가장 어려웠던 건 뭐였어?" 또는 "술래가 됐을 땐 어땠어?"와 같은 추가 질문을 던져보세요. 하나의 주제가 끝날 때까지 이런 방식으로 대화를 계속 이어나갈 수 있고, 대화가 끝나는 시점에는 다른 주제에 대한 개방형 질문을 할 수 있습니다. 만약 아이가 대화 주제를 바꾼다면 아이가 이끄는 대로 자연스럽게, 그 주제에 맞추어 구체적인 개방형 질문을 해보세요.

만약 아이가 대답을 하지 않는다면 대화할 준비가 안 되었을지도 모릅니다. 이럴 때는 "흠, 그 얘기는 별로 하고 싶지 않은가 보구나"와 같이 공감해준 뒤 잠시 기다렸다가 다른 주제(아이가 이야기하고 싶어 할 만한 주제)로 다시 대화를 시도해보세요.

기억하세요! 처음에는 아이가 자기 이야기를 제대로 들려주지 않을 수도 있습니다. 그래도 괜찮아요. 앞에서 설명한 관찰, 설명, 공감 등을 계속 사용하다 보면, 아이의 마음이 점점 열릴 거예요. 인내심을 가지고, 아이가 엄마와 함께 하는 이 시간을 좋아한다는 사실을 믿어보세요!

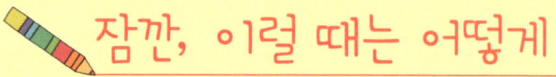 잠깐, 이럴 때는 어떻게 할까요?

하나, 아이가 너무나 속상한 경험을 이야기한다면?

아이가 들려준 이야기에 너무 속상하거나 화가 날 수도 있습니다. 이럴 때는 곧바로 조언을 하거나 문제를 해결해주려 하지 마세요. 가족 치료를 하다 보면, 이런 상황에서 부모님들이 아이에게 바로 조언하는 경우를 많이 보게 됩니다. 이렇게 대응하면 아이는 좌절감을 느끼거나 더는 대화하려 들지 않게 될 수 있어요. 이 시간은 아이의 문제를 해결해주는 게 아니라 아이에 대해 배우는 게 목적이어야 합니다. 아이가 주도하도록 하며 컬러링을 하는 동안 부모는 아이의 내면에 담긴 힘을 믿어야 하지요. 바로 세상과 건강하게 상호작용 하는 힘을요. 조언하고 충고하는 대신 먼저 아이에게 공감하고 아이 마음을 헤아려주세요. "네가 왜 그렇게 화가 났는지 이해가 돼" "그것 때문에 정말 화가 났구나" 이런 식으로요. 그러고 난 뒤 다음과 같이 질문해보세요.

"그 상황에서 무엇이 달랐으면 더 좋았을까?"
"그때 있었던 일에서 무얼 바꾸고 싶니?"
"이제 어떻게 할지 생각해본 게 있다면 말해줄래?"

둘, 아이가 잘못된 행동을 한다면?

함께 컬러링 하는 시간에 아이가 잘못된 행동을 한다면 어떻게 해야 할까요? 이 시간 동안 아이의 주도대로 따라가는 이유는 아이가 생각과 감정, 욕망을 자유롭게 표현하도록 격려하기 위해서입니다. 그러나 잘못된 행동도 무조건 허용된다는 뜻은 아니에요. 아이가 도를 넘는 상황이 생길 수도 있지요. 그럴 때는 다음과 같은, 한계를 설정하는 방법을 참고하시기 바랍니다.

① 아이의 감정, 소망, 욕망을 인정하기

"얼마나 컬러링을 좋아하는지 느껴지는구나. 어디에든 색칠을 하고 싶다는 것도 잘 알겠고."

② 한계를 명확하고 간결하게 설정하기

"벽이나 테이블에는 색칠 하면 안 돼."

③ 대안을 선택하도록 하기

"엄마와 함께 책에 색칠을 하거나 아니면 다른 종이에 색칠을 하는 건 괜찮아."

만약 아이가 정해진 한계를 무시한다면 행동의 결과에 대해 알려주어야 합니다. "계속 함께 색칠하고 싶은데, 만약 네가 다시 벽에 색칠을 하면 우린 앞으로는 색칠을 할 수 없단다"라는 식으로요. 이렇게 규칙을 정하면, 부모는 당장이라도 색칠을 멈추고 청소를 할 마음의 준비가 되어 있어야 합니다. 이때 반드시 일관성이 필요합니다. 만약 아이가 계속 떼를 쓴다면, "지금은 그만할 거야. 하지만 내일 다시 하도록 하자"라고 말할 수도 있지요. 컬러링 시간은 재미있고 긍정적이어야 해요. 따라서 이 시간에 아이가 잘못된 행동을 한다 해서 벌을 줄 필요는 없습니다. 컬러링을 중단하는 것만으로 충분하니까요.

셋, 아이가 쉽게 산만해지고 집중하지 못한다면?

금세 산만해지는 아이에게는 약간의 준비가 큰 도움이 된답니다. 컬러링을 시작하기 전에 주의를 산만하게 만드는 요소들을 최소화 해주세요. 텔레비전을 끄고 핸드폰을 무음 모드로 설정하고, 그밖에도 아이를 방해할 수 있는 다른 소음들도 최소화하는 것이 이 준비에 포함되지요.

또한 아이가 집중력을 유지할 수 있는 시간이 얼마나 되는지 기억하세요. 보통 1년마다 집중력이 3~5분 정도로 는다고 생각하면 됩니다. 따라서 3살 아이가 집중할 수 있는 시간은 보통 9분에서 15분 정도이고, 6살 아이는 18분에서 30분 동안 집중할 수 있어요. 만약 아이가 5분에서 10분 정도만 집중해 색칠한다 해도, 역시 전혀 문제가 되지 않습니다.

잊지 마세요! 이 시간은 시간의 '양'이 아니라 '질'이 더 중요하다는 것을요. 그리고 여러분은 아이가 이 책을 끝냈을 때 엄마와 함께 했던 이 경험을 긍정적으로 기억하길 바란다는 사실을요. 컬러링을 하다 보면 시간이 흐를수록 자연스럽게 향상되는 아이의 집중력을 느낄 수 있을 거예요.

아이가 집중하고 있을 때 구체적으로 칭찬해주는 것도 좋습니다. 아이가 어떻게 집중하고 있는지, 또는 색칠을 할 때 아이가 얼마나 차분한지 등을 구체적으로 알려주는 거지요.

넷, 내 아이는 완벽주의자?

만약 모든 일을 '제대로' 하고 싶어 하고, 원하는 결과를 얻기까지 시간이 오래 걸린다면, 그 아이는 완벽주의 성향일 수 있습니다. 이런 성향의 아이들은 어떤 일이 자신이 생각한대로 되지 않으면 좌절감을 느끼고, "이건 잘못됐어"라는 말을 하곤 하지요.

이럴 때 엄마는 본능적으로 "괜찮아. 완벽할 필요는 없어"라고 말할 거예요. 아이를 격려하기 위해서요. 하지만 엄마의 의도와는 상관없이, 아이는 이 말을 자신에게 문제가 있다는 메시지로 받아들일 수 있답니다. 아이의 관점에서 그것은 '완벽해야 하기 때문'이지요. 어떤 이유에서든 아이가 본질적으로 완벽주의 성향을 갖고 있다면, 이는 아이에게 매우 중요한 요소입니다. 이런 성향의 아이들은 자신은 그렇지 않은 것 같은데 그저 "괜찮다"라는 말을 들으면 오히려 더 불안해하기도 합니다. 색칠하는 도중에는 아이의 이런 면을 고치려고 하지 마세요. 대신 아이의 감정에 공감해주고, 아이의 내적인 경험을 인정해주고, 엄마가 이해하고 있다는 사실을 충분히 표현해주세요.

"정확하게 색칠하려고 노력하고 있구나."

"네가 원하는 대로 보이지 않아서 많이 속상하겠구나."

"저런, 엉망이 됐네. 네가 왜 그렇게 화가 났는지 엄마도 무척 이해가 돼."

이렇게 아이의 감정을 먼저 인정해준 뒤, 아이의 좌절감을 해결할 몇 가지 방법을 시도해볼 수 있어요. 긍정적인 자기 대화도 좋은 방법입니다. "아, 이 선 사이를 똑바로 색칠하고 싶었는데 여기를 잘 못했네. 속상하긴 하지만, 이렇게 색칠하게 된 것도 꽤 괜찮은 것 같아" 또는 "정말 재미있게 색칠했으니까 이런 실수는 괜찮아"처럼 긍정적인 메시지를 스스로에게 계속 안겨주는 거예요.

다섯, 아이가 컬러링에 관심이 없어요!

컬러링을 통해 아이와 더욱 친해지려고 노력하는데도, 어떤 아이는 컬러링에 관심이 없을 수도 있어요. 컬러링이 재미없을 수도 있고 다른 활동을 더 하고 싶어 할 수도 있겠지요. 이 시간의 목적은 아이가 이끄는 대로 따라가면서 아이가 스스로 생각과 감정을 나누도록 돕는 것입니다. 그러니 아이가 하고 싶어 하지 않는다면 그것도 역시 존중해주어야 해요. "너와 특별한 시간을 갖고 싶지만, 하기 싫다면 안 해도 괜찮아. 그럼 ○○○○를 해볼까?"라고 제안하며 아이가 그림 그리기나 핑거 페인팅, 찰흙놀이나 종이 접기, 스티커 등 다른 미술 활동을 선택할 수 있도록 도와주세요. 이러한 활동을 하면서도 지금까지 설명해온, 아이가 주도하는 방식들을 모두 활용할 수 있습니다. 꼭 컬러링만을 해야 한다는 부담감에서 벗어나세요!

여섯, 엄마용 페이지가 너무 오래 걸려요!

아이와 함께 즐겁게 해야 할 컬러링 시간인데, 엄마는 어느새 컬러링에 너무 공을 많이 들이게 되곤 해요. 엄마라고 해서 모든 선과 배경을 다 색칠해야 할 필요는 없답니다. 때로는 아이에게 도와달라고 부탁해 보세요. 아이는 뿌듯해하며 온 정성과 기술을 다해 엄마의 컬러링을 도우려고 최선을 다할 거예요. 엄마를 도울 수 있는 자신의 능력과 기회에 뿌듯해하며, 자연스럽게 부모의 마음을 더 헤아려보고 그 마음을 다시 한번 더 생각하며 가까워지는 기회가 될 수 있을 것입니다.

해피 컬러링!

- 심리학 박사, 자스민 나라얀

• 자기 인식 •

내가 느끼는 내 모습

아이들은 매일 새로운 과제를 해결하고, 해결하는 기술을 배우면서 성장해 나갑니다. 신체와 정서 모두 발전과 성장을 계속하지요. 새로운 성장 단계마다 아이들은 '나는 누구일까?' '나는 무엇을 할 수 있을까?'에 대한 생각과 느낌을 포함한 자아 존중감을 발전시켜 나간답니다. 만 2~3세인 아이들은 "나는 남자야" "나는 여자야" "나는 달리기를 잘해" "나한테는 기차 장난감이 있어" 등 구체적인 특징이나 능력, 소유물로 자신에 대해 정의를 내리곤 해요. 이러한 자아 개념은 자라나면서 "나는 자전거 타는 걸 좋아해" "나는 좋은 친구야" "나는 내 친구만큼 빨리 달리지는 못해" 등 좀 더 복잡한 특징들을 포함한 형태로 확장됩니다.

다음 페이지에 나와 있는 질문들은 이제 막 싹트기 시작한 아이의 정체성을 살펴볼 수 있도록 설계되었습니다. 아이의 내면을 들여다보는 소중한 기회를 만나보세요.

이야기해볼까요?

잊지 마세요! 이 컬러링은 아이 중심의 활동입니다. 이 시간만큼은 아이가 주도하도록 해주세요. 다음은 각 장면을 색칠할 때 아이에게 할 질문입니다.

- 모래성을 쌓고 있는 게 가족 : 모래로 어떤 것이든 만들 수 있다면 무얼 만들고 싶니?
- 달리기 경주에서 1등을 한 토끼 : 스스로가 가장 자랑스러웠던 때는 언제니?
- 생일을 맞은 아이 : 촛불 앞에서 빌고 싶은 소원은 무엇이니?
- 항해 중인 범선 : 언젠가 꼭 한번 가보고 싶은 곳이 있니?
- 물에 비친 자신의 모습을 보고 있는 요정 : 거울을 볼 때 주로 무엇을 보니?
- 키 순서대로 나란히 선 러시아 전통 인형 : 나중에 자라면 무엇이 되고 싶니?
- 나무 옆에서 쉬는 말 : 쉬거나 자려고 눈을 감으면 보통 어떤 상상을 하니?
- 예쁜 옷들 : 어떤 옷을 입을 때 기분이 좋니?

다음은 이 장의 모든 컬러링 장면에 활용할 수 있는 질문들입니다.

- 너의 어떤 점이 마음에 드니?
- 네 모습에서 바꾸고 싶은 부분이 있니? 있다면 무엇이니? (조금 더 구체적으로 물어보고 싶다면, 아이의 외모와 성격에서 좋은 점과 싫은 점을 물어보아도 좋습니다.)
- 언제 미소를 짓게 되니? 언제 소리 내어 크게 웃게 되니?
- 언제 화가 나니? 언제 슬프니?
- 무엇이 무섭니?
- 화가 나거나 슬프거나 마음이 무거울 때 어떻게 하면 기분이 나아지니?
- 잘하는 건 무엇이니?
- 하기 어려운 건 무엇인지 알려줄 수 있니?

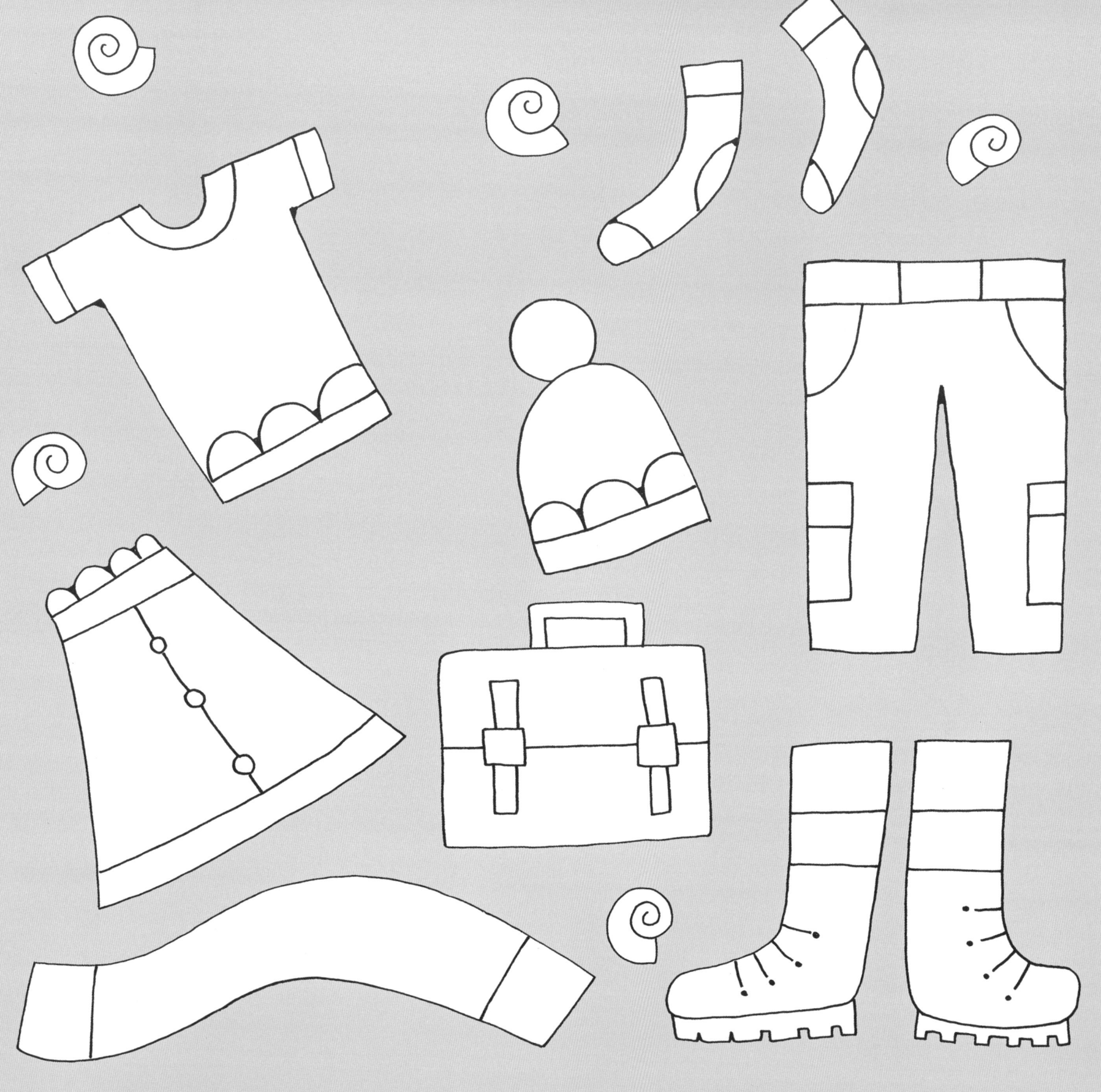

• 관계 •

나의 소중한 사람들

이 장의 컬러링 장면들은 가족, 함께 노는 친구들과 또래처럼 아이에게 중요한 관계들을 담았습니다. 유아기의 아이들에게 세상은 자신과 가족을 중심으로 존재합니다. 아이들은 이런 초기 관계 안에서 사랑하고 또 사랑받는 법을 배우지요. 아이들은 성장해가면서 이처럼 초기 관계 안에서 배운 방식으로 외부 세계와 상호작용을 하게 됩니다.

다음 페이지에 있는 질문들은 아이가 자신에게 가장 중요한 관계를 어떻게 인지하고 있는지 알아볼 수 있도록 설계되었습니다. 이에 더하여 아이와 어떻게 더 긍정적인 관계를 발전시킬 수 있을지, 이 장을 통해 그 힌트를 찾아보세요.

이야기해볼까요?

잊지 마세요! 이 컬러링은 아이 중심의 활동입니다. 이 시간만큼은 아이가 주도하도록 해주세요. 다음은 각 장면을 색칠할 때 아이에게 할 질문입니다.

- 엄마만 졸졸 따라다니는 아기 코끼리들 : 누군가를 사랑한다면 그 마음을 넌 어떻게 표현하니?
- 신나게 놀고 있는 펭귄 친구들 : 학교에서 친구들하고 뭐 하고 놀 때 가장 즐겁니?
- 물 밖으로 멋지게 튀어 오른 돌고래 : 이 돌고래들은 서로를 어떻게 생각하는 것 같니?
- 청소하고 있는 토끼 자매들 : 토끼들이 방을 무척 어지럽혀 놓았구나. 어떻게 함께 정리하면 좋을까?
- 기린 가족 : 엄마 아빠 기린이 아기 기린을 사랑하는 것 같니? 왜 그렇게 느껴지니?
- 할머니와 함께 하는 이야기 시간 : 할머니랑 함께 무엇을 할 때 가장 즐겁니?
- 함께 꿀을 빨고 있는 벌새 친구들 : 가장 친한 친구랑 함께 하고 싶은 게 뭐니?
- 함께 놀고 있는 남매 : 언니/오빠/누나/형/동생이랑 뭐 하고 노는 게 가장 재밌니?

다음은 이 장의 모든 컬러링 장면에 활용할 수 있는 질문들입니다.

- 엄마/아빠/오빠/언니/할머니/할아버지와 함께 무엇을 할 때 가장 좋니?
- 어떤 친구가 좋은 친구일까? 너는 어떤 좋은 친구인지 말해줄래?
- 네가 슬플 때/화났을 때/무서울 때, 내가 어떻게 해야 기분이 나아지니?
- 가장 친한 친구는 누구니? 그 친구의 어떤 점이 좋으니? 그 친구의 어떤 점이 싫으니?
- 팀으로 경기할 때 좋은 점/어려운 점은 뭐니?
- 엄마랑 함께 무엇을 더 많이 하고 싶니?
- 네가 아는 가장 친절한/못된 사람은 누구니?
- 나중에 누구처럼 되고 싶니?
- 우리 가족 안에서 뭔가를 바꿀 수 있다면, 무엇을 바꾸고 싶니?

• 가정생활 •

나는 우리 집이 좋아요

이 장의 컬러링 장면들은 아이가 아침에 일어나 학교에 갈 준비를 하고, 씻고, 식사를 하고 잠자리에 드는 등 반복되는 일상을 포함한 가정에서의 다양한 모습을 담고 있어요. 모든 연령대의 아이들은 세상 속에서 안전감과 신뢰감을 높이기 위해 체계와 규칙을 필요로 합니다. 하지만 실제로 아이들이 이러한 일상과 규칙에 대해 어떻게 생각하고 느끼는지는 전혀 다른 문제랍니다.

다음 페이지에 있는 질문들은 가정에서의 생활과 규칙, 기대감에 대한 아이들의 생각을 폭넓게 표현할 수 있도록 이끌어줍니다. 이 시간을 통해 아이가 집에서 어떤 느낌과 생각을 갖는지 알아보세요.

이야기해볼까요?

잊지 마세요! 이 컬러링은 아이 중심의 활동입니다. 이 시간만큼은 아이가 주도하도록 해주세요. 다음은 각 장면을 색칠할 때 아이에게 할 질문입니다.

- 새장과 새 : 집에 오면 가장 좋은 점이 뭐니?
- 즐거운 펭귄 가족 : 펭귄들은 겨울을 정말 좋아해. 가족들과 가장 행복하게 보낸 겨울이 언제였니?
- 창가의 고양이 : 이 고양이는 햇볕을 쬐며 창가에서 쉬는 걸 좋아하나 봐. 집에서 가장 편안한 곳은 어디니?
- 내 손을 잡아준 따뜻한 손 : 우리 가족 중 누군가에게 감동받은 적이 있니? 언제, 왜 그런 생각이 들었니?
- 아이에게 노래를 불러주는 엄마 : 새끼 닭은 엄마 닭이 불러주는 노래가 참 좋은가 보다. 너는 엄마가 언제 가장 좋아?
- 집 안의 모습 : 우리 집에서 가장 마음에 드는 곳/재미있는 곳/특별한 곳이 어디니?
- 거북이 가족 : 새끼 거북이는 스스로 알을 깨고 나온 뒤 쉬지 않고 바다까지 기어간단다. 엄마, 아빠가 도와주지 않았는데 너 혼자 해낸 일 중에 기억에 남는 것이 있니?
- 식사 중인 원숭이 가족 : 엄마가 만들어준 음식에서 뭐가 가장 맛있었니? 가장 좋아하는 간식은 뭐니?

다음은 이 장의 모든 컬러링 장면에 활용할 수 있는 질문들입니다.

- 집에서 가장 행복한 때는 언제니?
- 우리 집에서 좋은 점/싫은 점은 무엇이니?
- 우리 집에서 바꾸고 싶은 것은 무엇이니?
- 우리 집 규칙 중에서 무엇이 가장 지키기 어렵니?
- 내일 저녁 식사 메뉴를 네가 정할 수 있다면 뭘 먹고 싶니?
- 세계 어디에서든 살 수 있다면 어디에 살고 싶니?

• 학교생활 •

학교에서 보내는 즐거운 시간

이 장의 컬러링 장면들은 아이의 학교생활과 학습 경험을 알 수 있도록 그려졌습니다. 아이들은 자라날수록 유치원이나 학교에서 점점 더 많은 시간을 보내게 되지요. 따라서 유치원이나 학교는 자존감과 독립심을 키우는 매우 중요한 곳이랍니다. 어떤 아이들에게 학교는 새로운 것을 신나게 배우고 성취감을 키울 수 있는 원천이 되기도 하지만, 어떤 아이들에겐 공부에 어려움을 느끼고 스스로에게 실망하게 만드는 곳일 수도 있어요.

다음 질문들을 통해 아이가 학교에 대해 어떻게 느끼는지 알아보세요. 그리고 아이가 더 자신감을 느끼거나 또는 위축되는 다양한 상황들을 알아보고 적절히 도와주세요.

이야기해볼까요?

잊지 마세요! 이 컬러링은 아이 중심의 활동입니다. 이 시간만큼은 아이가 주도하도록 해주세요. 다음은 각 장면을 색칠할 때 아이에게 할 질문입니다.

- 스쿨버스를 기다리는 곰 : 스쿨버스를 보면 기분이 어떠니?
- 물고기 학교 : 오늘 수학/과학/체육 시간에는 무엇을 배웠니?
- 미술 시간 : 가장 좋아하는 색깔은 뭐니?
- 놀이터에서 노는 코알라 : 쉬는 시간에는 무엇을 하며 놀았니? 누구와 함께 놀았니?
- 상자 위의 고양이 : 고양이는 높은 곳에서 안정감을 느끼고 자신만의 공간을 가질 수 있대. 그래서 높은 곳을 좋아하지. 학교에서 너에게 가장 편안한 곳은 어디니?
- 점심시간 : 점심 식사로 무엇을 먹고 싶니?
- 숙제하는 기린 : 숙제가 쉽니/어렵니? 쉬운 점/어려운 점은 무엇이니?
- 양 숫자 세기 : 잠이 오지 않을 때 양을 백 마리까지 세면 잠이 온다고 하지. 양 말고 한번 세어보고 싶은 것이 있니?

다음은 이 장의 모든 컬러링 장면에 활용할 수 있는 질문들입니다.

- 학교의 좋은 점은 뭐니?
- 가장 잘하는 과목은 뭐니?
- 선생님의 어떤 점이 좋니/싫니? 선생님은 어떻게 생겼니? 말투는 어떠니?
- 옆자리에는 어떤 친구가 앉니? 짝꿍은 어떤 친구니?
- 우리 반의 규칙 중 하나를 바꿀 수 있다면 무엇을 바꾸고 싶니?
- 반 친구들 앞에서 말할 땐 어떤 기분이 드니?
- 오늘 수업에서 가장 재미있던 일은 뭐니?
- 만약 선생님이 될 수 있다면, 반 친구들에게 무엇을 가르쳐주고 싶니?

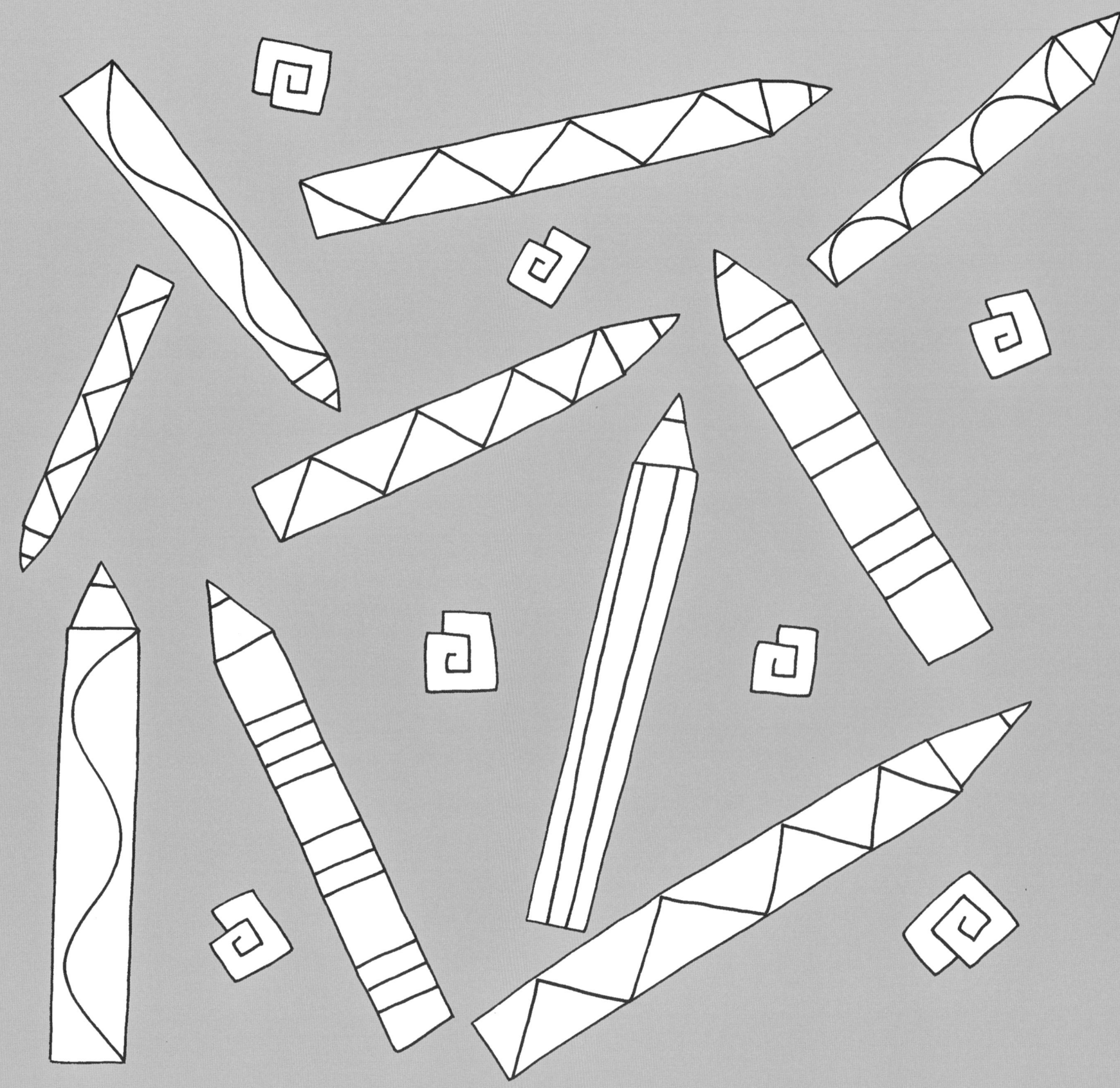

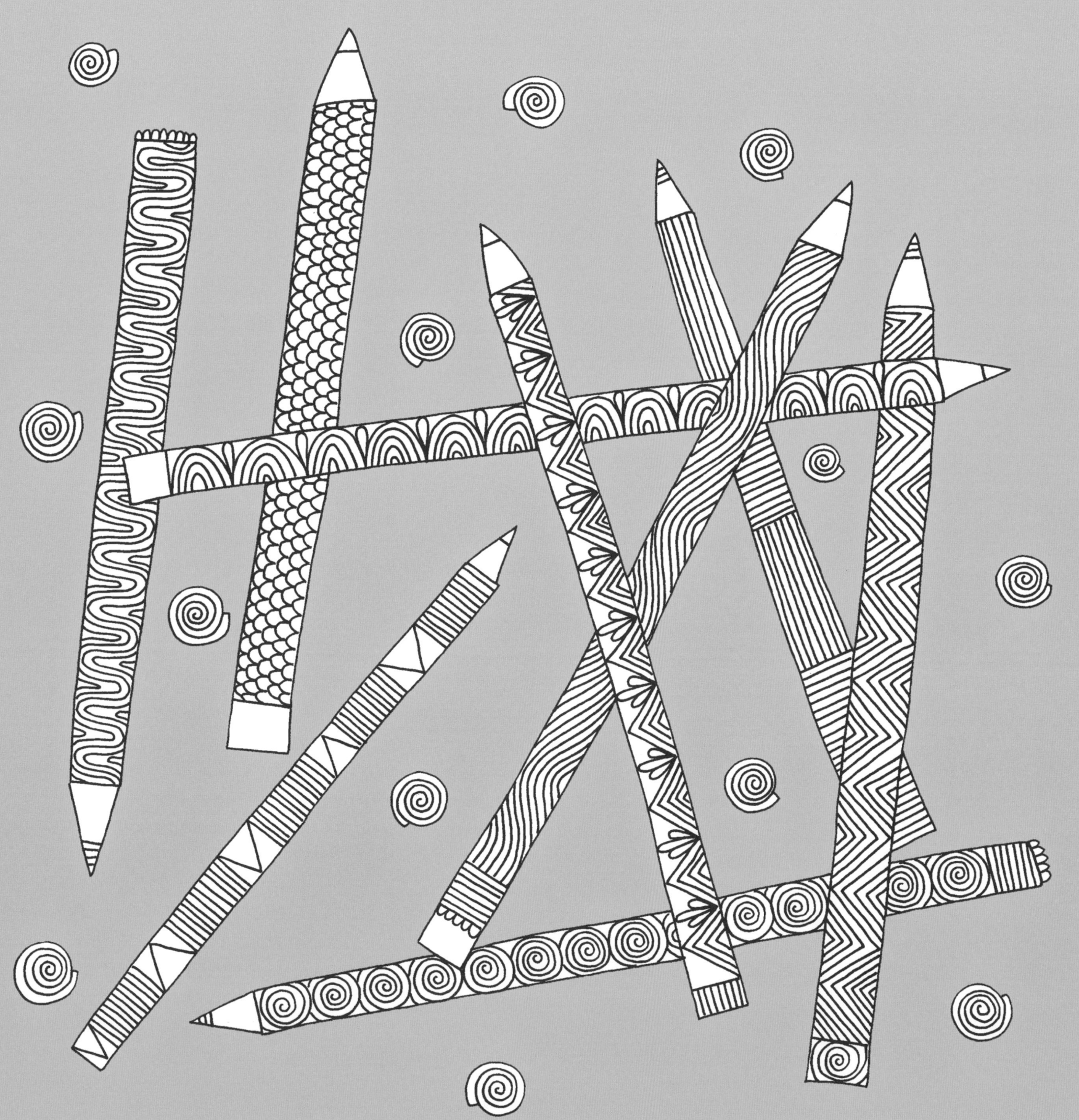

• 상상 •

내가 상상하는 세상을 만나볼래요?

이 장의 컬러링 장면들은 아이의 기발하고 창의적인 상상력에 다가갈 수 있도록 설계되었습니다. 상상력과 창의력은 유년기에서 아주 중요한 부분입니다. 어린아이들은 아직 현실과 환상을 구분하지 못할 때가 많아요. 그래서 현실 요소들과 이성과 논리를 거스르는 상상을 뒤섞어 생각하는 경향이 있지요. 하지만 이런 엉뚱하고 터무니없는 상상 속에는 진실의 일부와 드러나지 않은 욕망이 숨어 있답니다.

아이의 기상천외한 상상 뒤에 어떠한 욕구가 숨어 있을지 이번 장에서 찾아보세요.

이야기해볼까요?

잊지 마세요! 이 컬러링은 아이 중심의 활동입니다. 이 시간만큼은 아이가 주도하도록 해주세요. 다음은 각 장면을 색칠할 때 아이에게 할 질문입니다.

- 바닷속 물고기 : 바닷속에는 어떤 굉장한 것들이 살고 있을까?
- 풍선 무지개 : 만약 세상 어떤 것으로든 무지개를 만들 수 있다면, 무엇으로 만들어보고 싶니?
- 해와 별과 행성 : 우주에는 별과 행성 말고 또 무엇이 있을 것 같니?
- 마법의 유리병 : 마법의 유리병을 가지고 있다면, 그 안에 무엇이 있을 것 같니?
- 호숫가의 성 : 성에는 누가 살고 있을까? 그 사람은 어떤 삶을 살고 있을까?
- 숲속 부엉이 : 숲에는 부엉이 말고 또 어떤 것들이 살고 있을까?
- 관람차와 카니발 : 어떤 사람들이 이 카니발에 올 것 같니?
- 부엉이와 번개 : 동물들은 폭풍우가 오면 무엇을 할까?
- 물고기 떼를 이끌고 가는 고래 : 이 고래는 어디로 가고 있는 것 같니?

아래는 이 장의 모든 컬러링 장면에 활용할 수 있는 질문들입니다.

- 상상 속 친구가 있다면 그 친구에 대해 알려줄래?
- 10억이라는 돈이 생긴다면 무엇을 하고 싶니?
- 모험을 떠나고 싶은 곳은 어디니?
- 초능력을 가질 수 있다면 어떤 능력을 갖고 싶니?
- 만약 마법 지팡이가 세 가지 소원을 들어준다면 어떤 소원을 빌겠니?
- 어떤 동물이 되어보고 싶니?
- 누군가 진짜가 아니라고 말해도 너는 진짜라고 굳게 믿는 게 있니?

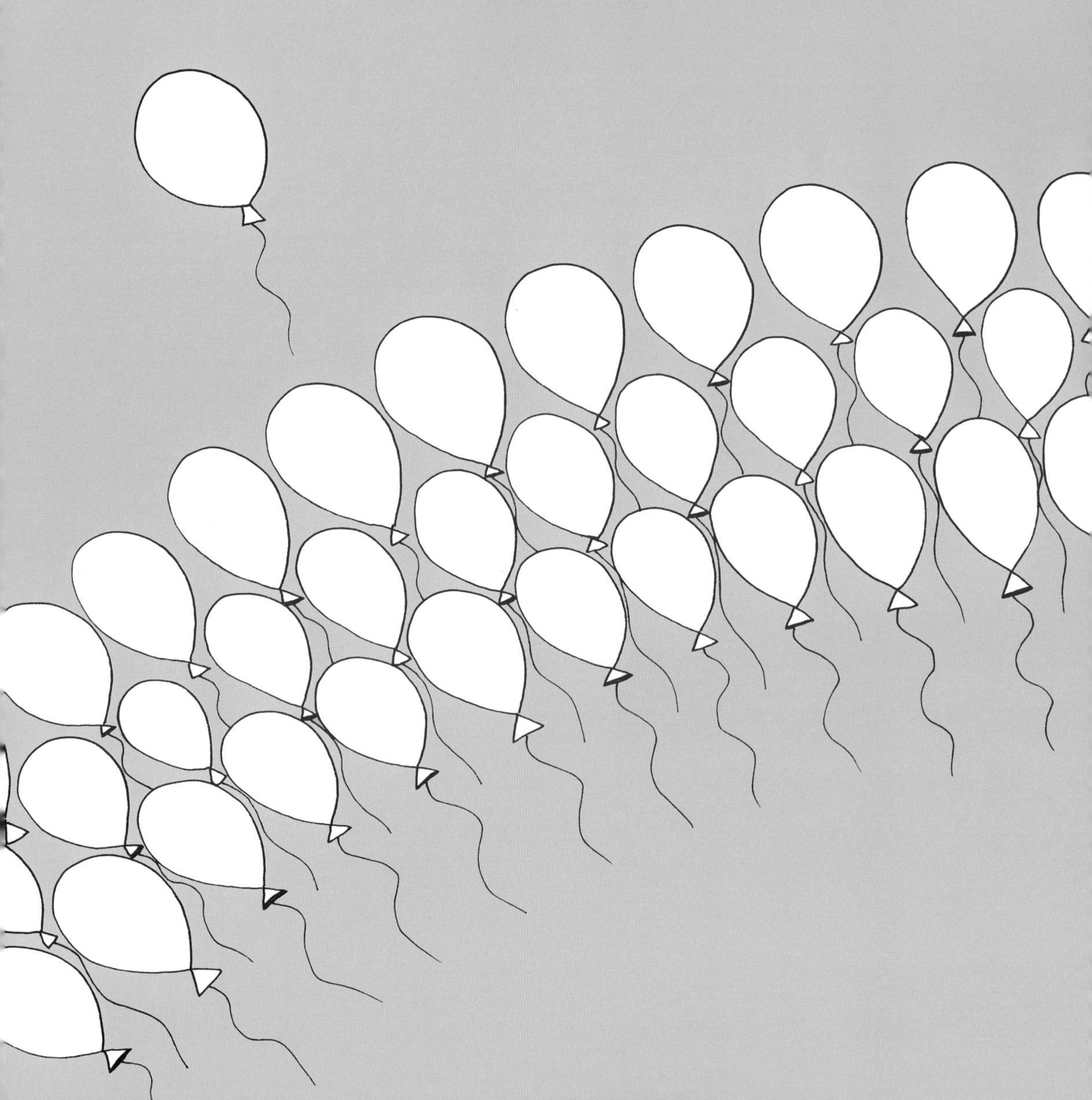

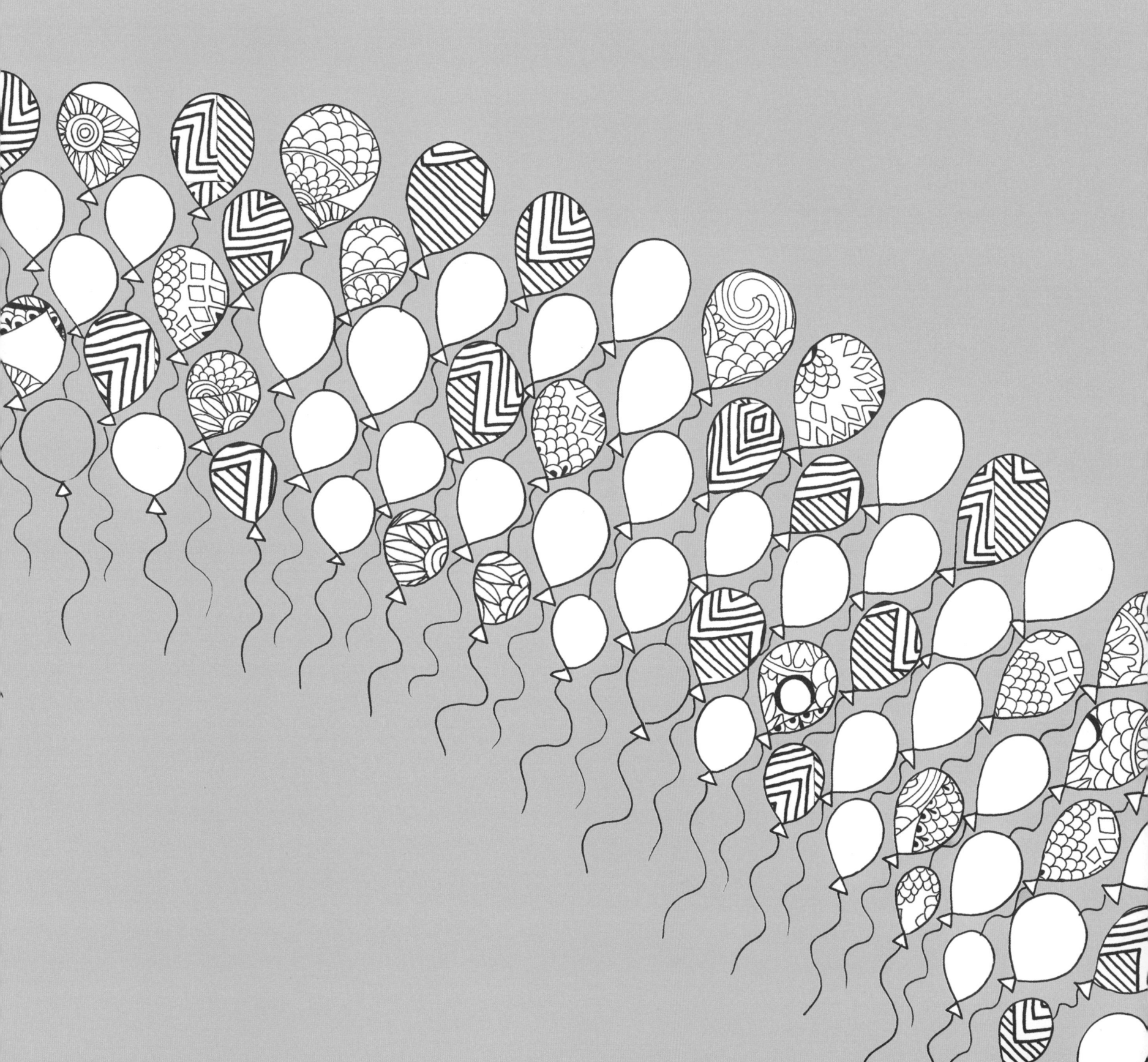

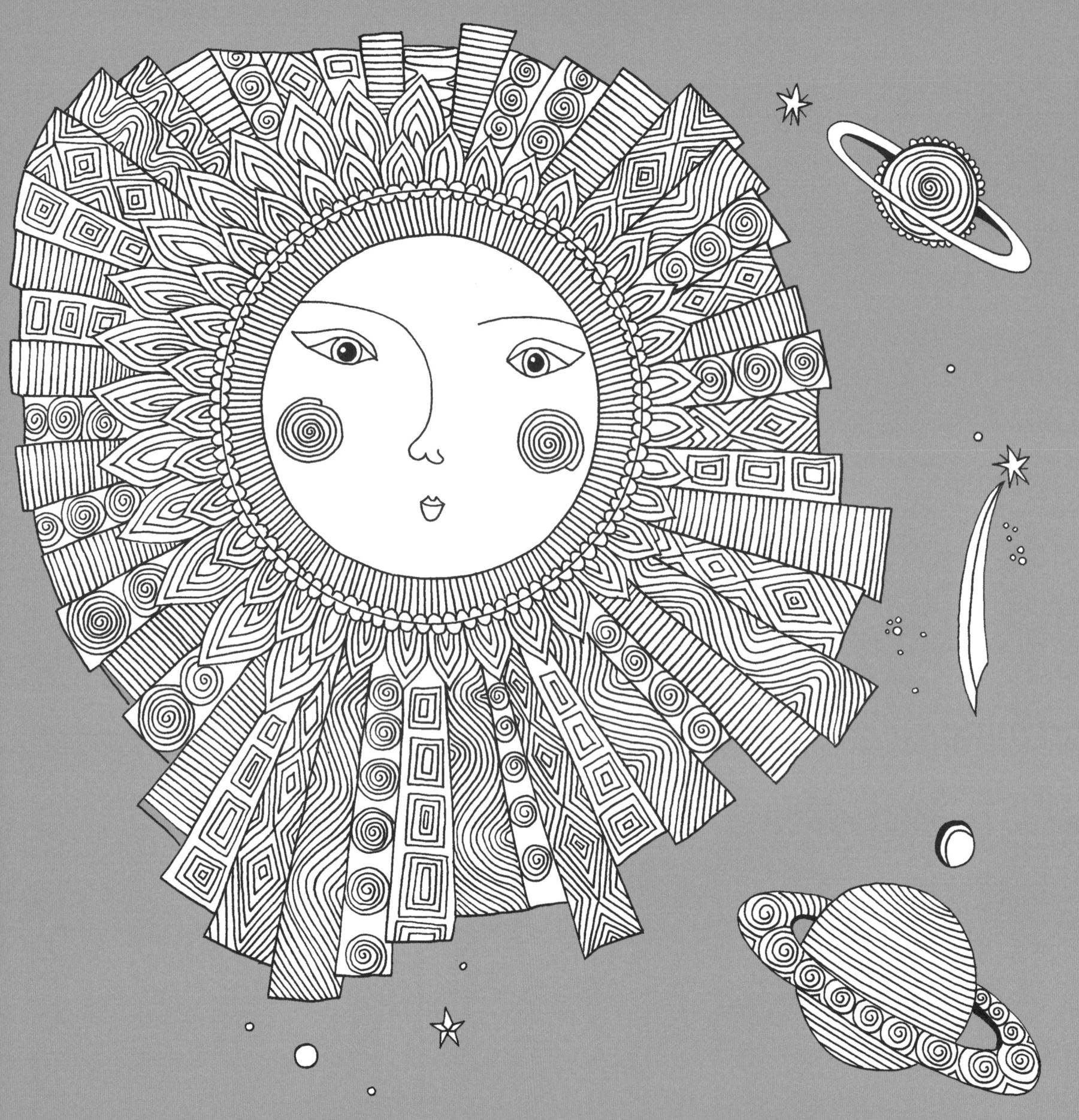

• 놀이 •

노는 게 제일 좋아!

놀이란 무엇일까요? 재미있는 블록 놀이, 신나는 달리기, 친구와 즐기는 게임 등은 모두 놀이랍니다. 아이들이 즐겁게 하는 모든 활동이 놀이가 될 수 있지요. 하지만 좀 더 근본적인 차원으로 보면, 놀이는 유아동기에서 가장 중요한 요소 중 하나랍니다. 실제로 1989년에 유엔은 놀이를 아동의 최적의 발달을 위한 기본 권리이자 활동으로 규정했습니다. 그 이유는 무엇일까요? 놀이를 통해 몸이 건강해지고, 말로는 쉽게 표현하기 힘든 감정과 욕구들을 자연스럽게 표현할 수 있기 때문입니다. 또한 놀이는 사회성과 자신감을 길러주고, 대화 능력, 의사결정 능력 등 살아가면서 중요한 사회적인 능력들을 연습할 기회를 주지요. 아이들은 타고난 놀이꾼이랍니다.

이 장을 통해 아이들의 장난기 넘치고 창조적인 모습을 만나보세요.

이야기해볼까요?

잊지 마세요! 이 컬러링은 아이 중심의 활동입니다. 이 시간만큼은 아이가 주도하도록 해주세요. 다음은 각 장면을 색칠할 때 아이에게 할 질문입니다.

- 잠자리와 소녀 : 어디로 놀러가는 게 가장 좋니?
- 공놀이를 하고 있는 물개 : 가장 좋아하는 운동은 뭐니?
- 꽃밭 : 정원에 있는 벌레들은 어떻게 놀까?
- 가을 나무 : 밖에서 가장 뛰놀고 싶은 계절은 언제니?
- 훨훨 날아가는 나비 : 어떤 나비가 가장 높이 날 수 있을까? 나비는 높은 하늘에 올라가면 무엇을 볼까?
- 연 날리기 : 어떻게 생긴 연을 날리고 싶니? 그 연을 날리고 싶은 곳은 어디니?
- 거품 목욕 : 목욕할 때 가장 재밌는 놀이는 뭐니?
- 시소 타는 고슴도치 : 놀이터에서 무엇을 하고 노는 게 가장 좋니?
- 실과 새끼 고양이 : 무얼 가지고 노는 게 가장 좋니?

다음은 이 장의 모든 컬러링 장면에 활용할 수 있는 질문들입니다.

- 가장 좋아하는 게임은 뭐니? 그 게임이 왜 가장 좋니?
- 혼자 있을 때 뭐 하고 노는 게 가장 재밌니? 친구들과는 뭐 하고 노는 게 가장 재밌니?
- 오늘 학교에서 뭐 하고 놀았는지 알려줘!
- 가장 좋아하는 만화 캐릭터를 집으로 초대해서 함께 논다면 어떨 것 같니? 어떤 일이 펼쳐질까?
- 누구랑 있을 때 가장 재미있니?
- 누구랑 더 오래 놀고 싶니?
- 잘하지는 못해도 할 때마다 즐겁고 재미있는 놀이나 운동이 뭐니?

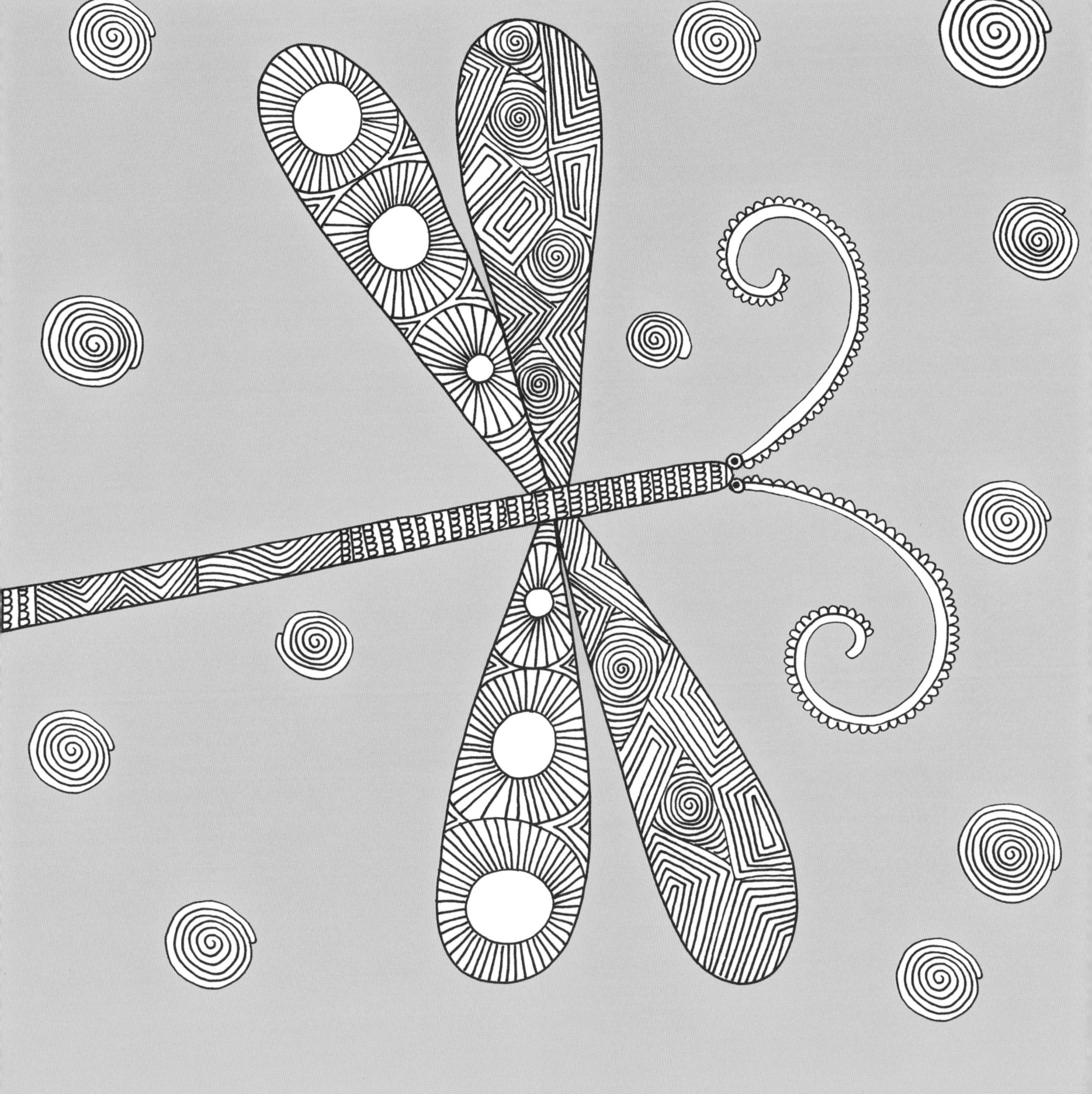

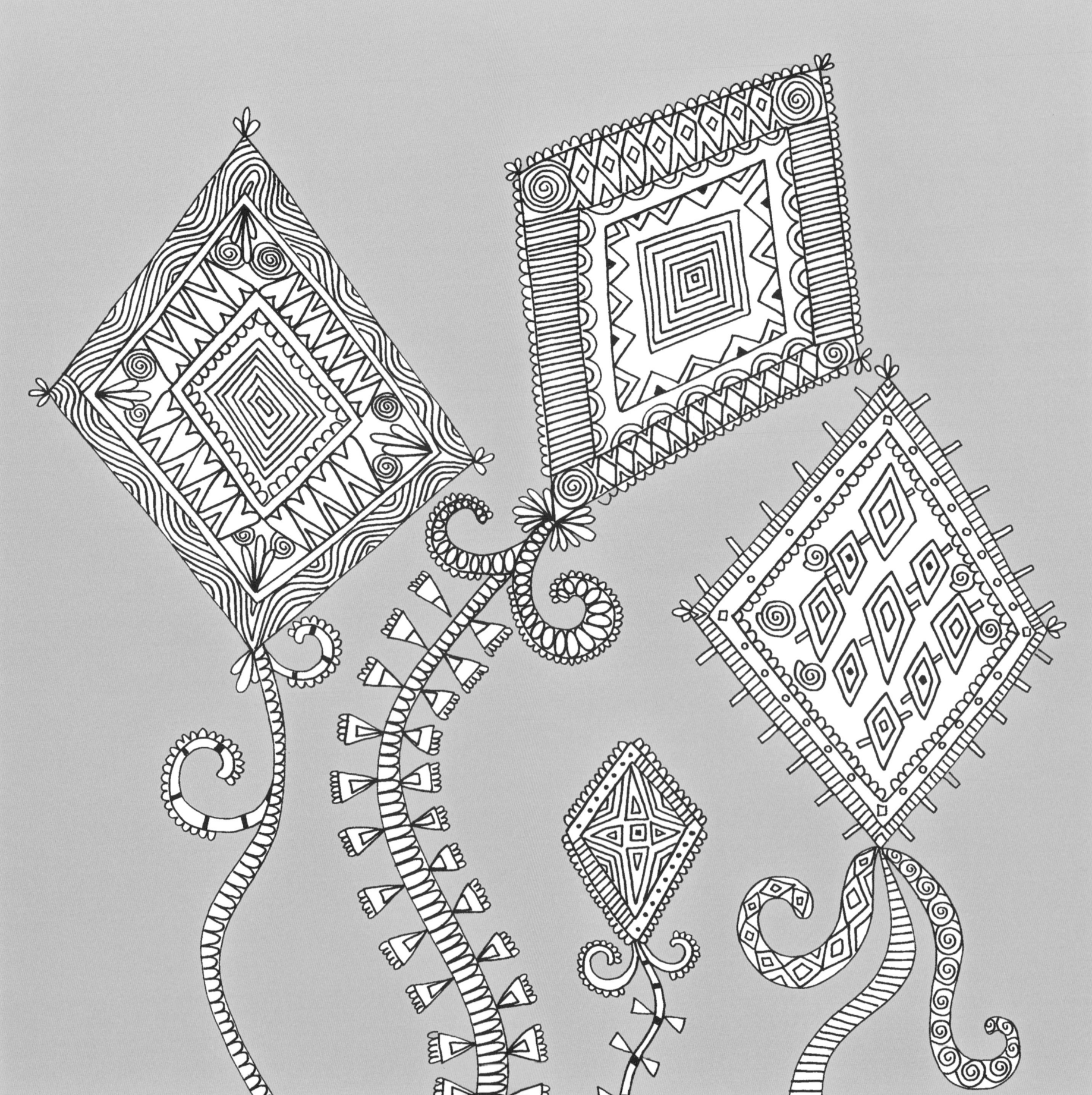

글 자스민 나라얀 JASMINE NARAYAN

심리학자 자스민 나라얀은 미국 하트퍼드 대학에서 박사 학위를 취득한 뒤, 아동 청소년 심리학 전문 교육을 받았다. 현재 뉴욕 주 헌팅턴에 본사를 둔 단체 패밀리 가이드 심리 서비스의 공동 설립자로서, 다양한 성장 과정과 서로 다른 생활환경을 지닌 사람들에게 심리치료, 상담, 온라인 자원 등을 통해 봉사하고 있다. 특히 정서 조절 장애, 공격성/충동적 폭력, ADHD, 우울증, 불안, 트라우마 등에 시달리는 어린이와 청소년 치료에 더더욱 헌신하고 있다.

아동 청소년기에 부모와 가족과의 관계가 무엇보다 중요하다고 강조하는 나라얀 박사는 부모들의 행동과 정서에도 관심의 끈을 놓지 않는다. 따라서 긍정적인 육아 방식과 행동 개입에 초점을 맞추어 부모들의 행동에서 발생하는 문제를 교정하며 협력한다. 부모와 아이들이 더욱 친근하고 편안하며 안정된 관계를 이어갈 수 있도록 하는 중요한 과정이다.

나라얀 박사는 《엄마랑 나랑 50가지 컬러링 대화》에서 임상 치료와 상담을 거쳐 축적한 경험과, 단순한 패턴을 반복해 색칠하는 컬러링이 선사하는 치유 효과를 전하고자 한다. 창조적인 표현에 대한 경험은 우리 삶을 치유하며 더 나은 관계로 이끌어가는 힘을 갖고 있다. 탄탄한 심리학 지식과 다양한 부모와 어린이를 상담하고 치료한 실제 경험, 아름다운 컬러링이 만나 우리 일상에 더 편안한 휴식과 안정, 가족 간의 사랑과 행복을 가져다줄 것이다.

나라얀 박사에 대한 추가 정보와 다른 글들은 다음 사이트에서 만나볼 수 있다.
WWW.FAMILYGUIDING.COM
트위터 @DRJNARAYAN

그림 한나 데이비스 HANNAH DAVIES

2005년 웨일스 국립 아이스테드바드에서 디자인 대상을 수상하며 실력을 인정받은 한나 데이비스는 자연과 동물에서 영감을 받은 작품을 주로 선보인다. 물, 생명, 자연 환경에서 착안한 형태과 그림, 디자인을 결합한 작품들은 다양한 직물 패턴, 생생한 수채화 등으로 정교하고 세밀하게 표현되어 감탄을 자아낸다. 한나 데이비스는 자연스러운 손맛을 살리기 위해 실제 천과 색종이에 그림을 그리기도 하며, 여러 색의 수채 물감을 덧칠해 배경 작업을 해 더욱 신비롭고 따뜻한 색감을 만들어낸다. 2008년부터 최근까지 13회의 전시회를 개최했고, 2010년 런던에서 개최한 올해의 디자이너 대상에 선정되었다. 디자인, 출판, 광고 등 다양한 분야에서 활발히 활동 중이다.

HTTP://WWW.HANNAH-DESIGNS.COM

옮김 공은주

서강대학교에서 사학과 경영학을 전공하고, 출판사에서 해외의 좋은 어린이책을 우리나라에 소개하는 일을 했다. 우리 사회가 아이들의 명랑한 목소리에 더욱 귀를 기울이길 바라는 마음으로, 아이들을 격려하고 행복하게 만들어줄 책들을 발굴하고 번역하며 출간하고 있다.